NATIONAL GEOGRAPHIC

Derritiéndose

EDICIÓN PATHFINDER

Por Glen Phelan

CONTENIDO

Derritiénd

Las temperaturas están aumentando a nivel mundial. Esto está causando cambios climáticos. También está afectando la vida silvestre.

Por Glen Phelan

ose

El Parque Nacional de los Glaciares, en Montana, es un lugar lleno de belleza. Posee riscos altísimos, crestas irregulares y valles profundos. Todas estas bellezas naturales fueron creadas por el hielo.

Así es: el hielo talló las rocas. Por supuesto, los pequeños trozos de hielo no son capaces de hacer esto. Pero los grandes mantos de hielo sí, y así lo hicieron. El hielo aún cubre algunas partes del parque.

Hielo trabajando

Los mantos de hielo se forman cuando en invierno cae más nieve de la que se puede derretir en verano. Año tras año, la nieve se acumula. Inmensos montículos cubren la tierra. Las capas inferiores de nieve se transforman lentamente en hielo.

Cuando el hielo crece lo suficiente, comienza a moverse colina abajo. Y así es como un manto de hielo se transforma en un **glaciar**. A menudo, las personas describen los glaciares como "ríos de hielo". Algunos glaciares tuvieron alguna vez más de una milla de espesor. Solo las montañas más altas sobresalían de los mantos de hielo gigantes.

Esto ha estado pasando en el Parque Nacional de los Glaciares durante millones de años. Los glaciares se han movido lentamente por el terreno y han cambiado los paisajes. Labraron la tierra. Redujeron montañas. Esculpieron valles.

Sin embargo, los glaciares no duran para siempre. Si la temperatura se eleva, se derriten. Eso fue lo que pasó en el Parque Nacional de los Glaciares hace unos diez mil años. Y en la actualidad está pasando de nuevo.

Me estoy derritiendo

Hoy en día, 26 glaciares cubren partes del parque. Estos glaciares aún están cambiando el terreno.

Sin embargo, los glaciares del parque corren peligro de derretirse. Fíjate por ejemplo en el Glaciar Grinnell. Es el más famoso de todo el parque.

En 1910, el Glaciar Grinnell cubría casi 440 **acres.** Para 1931, se había reducido a 290 acres. En 1998, solo quedaban 180 acres. El agua del glaciar formó un lago nuevo en el parque.

A esta velocidad, es posible que muy pronto el alguna vez majestuoso Glaciar Grinnell se desvanezca por completo. Y lo mismo podría ocurrir con los otros 25 glaciares del parque.

Aguas más calientes. *La nieve y el hielo derretidos formaron este lago en el Parque Nacional de los Glaciares.*

Aumento de calor

¿Por qué se está derritiendo el Glaciar Grinnell? Es sencillo: el parque se está calentando. Desde 1910, la temperatura promedio de verano ha aumentado más de tres grados Fahrenheit (F).

Pero el parque no es el único lugar que se está calentando. La mayoría de los científicos cree que la Tierra también se está calentando lentamente.

El aumento de la temperatura de la superficie se conoce como **calentamiento global**. Desde 1850, la Tierra se ha calentado alrededor de un grado F. En algunos lugares, como el Parque Nacional de Glaciares, el aumento ha sido mayor. En otros lugares, el calentamiento ha sido menor.

Advertencia mundial

Un grado puede parecer poco, pero está provocando grandes cambios en todo el mundo. En el Ártico y en la Antártida se está derritiendo el hielo de los mares. Este derretimiento forma nubes que pueden provocar más nevadas que de costumbre. El aumento de la nieve puede dañar la vida silvestre.

A los pingüinos de la Antártida se les ha hecho difícil encontrar un lugar para poner sus huevos. Por lo general, los pingüinos ponen sus huevos en la tierra seca durante la primavera, pero en la actualidad está cayendo más nieve. Los pingüinos tienen que poner sus huevos en la nieve. Cuando la nieve se derrite, el agua pudre muchos de los huevos. Y esto ha provocado una disminución de los pingüinos.

Problemas en los trópicos

Las áreas más calientes de la Tierra también se han visto afectadas. Pequeños animales llamados **pólipos de coral** construyen enormes arrecifes en las aguas cálidas de los océanos. Existen arrecifes de muchos colores diferentes. Los peces nadan alrededor de los arrecifes. Muchas otras criaturas viven en los arrecifes de coral. Pero muchos arrecifes de coral están en problemas.

A causa del calentamiento global, el agua de los océanos se está calentando. Si el agua cercana a un arrecife se calienta demasiado, los pólipos mueren. Entonces, los antes coloridos arrecifes se vuelven blancos. Cuando un arrecife muere, los peces y otras criaturas tienen que buscar un nuevo hogar, pues de lo contrario también morirán.

5

Bocadillos. *Una liebre americana come brotes de primavera en una pradera en el Parque Nacional de los Glaciares.*

¿Qué está sucediendo?

Nadie está seguro de lo que está provocando el calentamiento global. La mayoría de los científicos culpan a ciertos gases en la atmósfera de la Tierra. Y señalan a uno en particular: el dióxido de carbono.

Este gas mantiene caliente a nuestro planeta porque atrapa el calor del Sol. Si no hay suficiente dióxido de carbono, las temperaturas disminuyen. En cambio, si se concentra mucha cantidad del gas, las temperaturas aumentan.

Hay muchas cosas que producen dióxido de carbono. Por ejemplo, los volcanes en erupción lo producen. También lo producen los automóviles, camiones, fábricas y plantas de electricidad. Es posible que la combinación de todas estas cosas esté causando una concentración de este gas en la atmósfera terrestre.

Algunos científicos culpan al Sol. Dicen que su temperatura puede cambiar. En este momento, se está calentando. Eso también ocurrió entre unos 500 y 1000 años atrás. Luego, el Sol se enfrió. Ahora, el Sol y la Tierra se están calentando una vez más.

El derretimiento

Si el calentamiento continúa, los glaciares del Parque Nacional de los Glaciares seguirán derritiéndose. Por supuesto, el parque seguirá estando allí. Solo los glaciares desaparecerían.

Al derretirse, es posible que los glaciares desplacen la vida silvestre del área. Los osos pardos son un ejemplo de ello. A menudo se internan en las praderas del parque para comer frutos del bosque y otros bocados favoritos.

Las praderas son formadas por **avalanchas** gigantes. Una avalancha ocurre cuando una gran cantidad de nieve se desploma repentinamente desde lo alto de una montaña. Este desplome arranca árboles a su paso y, gracias a ello, los arbustos de bayas tienen un lugar para crecer. Sin las avalanchas, habría menos bayas, lo que significa que habría menos osos. Y los osos son solo uno de los muchos animales afectados por el calentamiento global.

La tendencia hacia el calentamiento podría afectar a muchas plantas y animales porque está ocurriendo muy rápido. Es posible que algunos animales y plantas tengan que encontrar nuevos hogares. Otros podrían morir o **extinguirse.** Para sobrevivir, deberán hallar formas de combatir el calor.

¿Cómo está cambiando la Tierra el calentamiento global? ¿Quiénes se ven afectados por el calentamiento global?

Vocabulario

acre: unidad de medida de tierra
avalancha: gran cantidad de nieve que se desploma repentinamente por una montaña
calentamiento global: aumento mundial de la temperatura
extinguirse: que desaparece por completo
glaciar: gran río de hielo
pólipo de coral: animal diminuto que crea los arrecifes de coral

Cobertura de hielo del Mar Ártico

El aumento de las temperaturas ha afectado los enormes mantos de hielo que rodean el Polo Norte. Estas imágenes muestran el proceso.

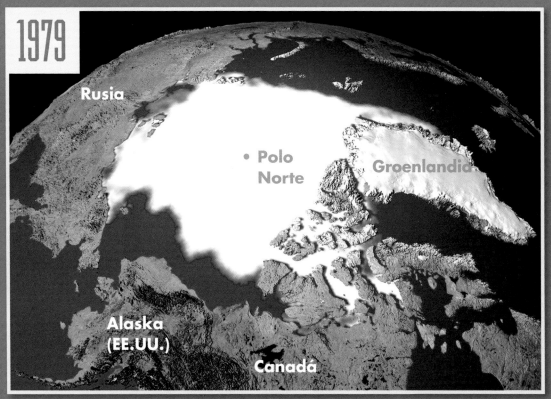

1979

Rusia

• Polo Norte

Groenlandia

Alaska (EE.UU.)

Canadá

En 1979, el hielo cubría la mayor parte del Ártico durante todo el año.

2003

Rusia

• Polo Norte

Groenlandia

Alaska (EE.UU.)

Canadá

Para el año 2003, se habían derretido grandes cantidades de hielo. En donde antes había hielo sólido, ahora hay agua del océano. Muchos científicos dicen que el hielo del área seguirá derritiéndose .

Advertencias globales

La mayoría de los científicos dice que la Tierra se está calentando. Lo que causará cambios en todas partes del mundo. En este mapa puedes ver un poco de lo que está sucediendo.

★**Bahía de Hudson**

AMÉRICA DEL NORTE

★**Utah**

OCÉANO
ATLÁNTICO
NORTE

★**Islas Vírgenes**

★ **Utah** Los estados del Oeste se han vuelto muy áridos. Como resultado, el Lago Powell tiene mucha menos agua que la normal.

AMÉRICA DEL SUR

OCÉA
ATLÁN
SU

OCÉANO
PACÍFICO
SUR

★**Argentina**

★ **Islas Vírgenes** El clima más cálido está causando problemas a las tortugas de mar. Están naciendo muchas más hembras que machos. Los científicos no saben cómo afectará esto a la población de tortugas marinas.

Península

★ **Argentina**
El aumento en las temperaturas y la escasez de agua han provocado extensos incendios en los últimos años.

★ **Bahía de Hudson** El hielo invernal se derrite dos o tres semanas antes de lo habitual. Esta situación dificulta la búsqueda de alimento a los osos polares.

★ **Bangladesh** En 1998, las lluvias inundaron más de la mitad del país. En 2003, las inundaciones dejaron sin hogar a 2,5 millones de personas.

ÉANO ÁRTICO

UROPA

A S I A

OCÉANO PACÍFICO NORTE

★Bangladesh

RICA

★Kenia y Tanzania

★Gran Barrera de Coral

AUSTRALIA

★ **Kenya y Tanzania** La malaria, una enfermedad mortal, se está expandiendo. La transmiten los mosquitos. Y a ellos les encanta el clima más caluroso.

TÁRTIDA

★ **Península Antártica** as temperaturas en invierno son nueve grados mayores que las de 1950. El hielo marino se ha reducido en una quinta parte. Estos cambios dificultan muchísimo la upervivencia de los pingüinos Adelaida. Las oblaciones de pájaros están disminuyendo.

★ **La Gran Barrera de Coral** El agua del océano se está calentando poco a poco. El calor está dañando (e incluso matando) grandes porciones del mayor arrecife de coral del mundo.

Recalentamiento

La Tierra se está calentando, y muchos científicos piensan que es culpa nuestra. Sus estudios demuestran que el ser humano es al menos parcialmente responsable. También es posible que podamos participar en la solución.

¿Cómo estudian los científicos el calentamiento global? Miran hacia el cielo. La atmósfera les da pistas sobre la causa del calentamiento de la Tierra. La atmósfera es una cubierta de gases alrededor de la Tierra. Algunos de estos gases, como el dióxido de carbono, atrapan el calor.

Aumentando las temperaturas

La mayoría de la gente depende del petróleo, el carbón y el gas natural. Estos combustibles hacen funcionar los vehículos, calientan las casas y generan energía para las fábricas. Pero también producen dióxido de carbono. El dióxido de carbono calienta la atmósfera y hace que la Tierra esté más cálida.

A través del tiempo, los automóviles y las fábricas han transformado la atmósfera. En la actualidad, el aire posee un 30 por ciento más de dióxido de carbono que antes de que existieran los automóviles y fábricas. Existen otros gases almacenadores de calor que también han aumentado mucho.

Tala de árboles

Cada año, el ser humano tala muchísimos árboles para producir papel y madera. Esto es un problema porque los bosques ayudan a disminuir los niveles de dióxido de carbono. Los árboles utilizan el dióxido de carbono para producir su propio alimento.

Cuando el hombre tala los bosques, queda más dióxido de carbono flotando en el ambiente. Esto aumenta aún más las temperaturas.

Basura por doquier

El ser humano también produce muchísima basura. La mayoría de esta basura se arroja en los vertederos, que son áreas que se rellenan y luego se cubren con tierra.

Esta basura que se deposita en los vertederos produce gas metano. El metano sube a la superficie y atrapa el calor. Cuanta más basura exista, más metano habrá. Con más metano, la Tierra se calienta más.

Según los científicos, el mensaje es muy claro. El ser humano debe cambiar su forma de comportarse a partir de ahora, y no el año que viene. El futuro de la Tierra está en juego.

Reducir, reusar, reciclar. Tú puedes reducir el calentamiento si reciclas periódicos, cartones, vidrio y metal. Si hay más reciclaje, se usa menos energía para producir productos.

Pasa menos tiempo en el automóvil. Tu familia puede darle al automóvil un día libre. En lugar de conducir, puedes tomar el autobús, montar en bicicleta, o viajar con alguien más.

Compra productos que usen menos energía. Por ejemplo, algunos bombillos usan menos electricidad que otros. Algunos también duran más que otros. Compra sólo productos que ahorren energía.

Planta árboles. Los árboles usan el dióxido de carbono para producir su propio alimento. Así que plantar árboles podría ayudar a reducir el calentamiento global. Si hay más árboles es posible que se reduzca en dióxido de carbono en el aire.

Enseña a los demás. Comparte con ellos lo que sabes del calentamiento global. Habla con otras personas sobre las formas de ahorrar energía y reducir la basura. Juntos pueden provocar un cambio positivo mayor.

Calentamiento global

Responde estas preguntas para ver lo que has aprendido sobre este tema candente.

1 ¿Cómo se forman los mantos de hielo?

2 ¿Cómo es que los glaciares cambian la tierra?

3 ¿Qué está haciendo que el Glaciar Grinnell se consuma?

4 ¿El calentamiento global afecta sólo a los lugares fríos y helados? Explica.

5 ¿Cómo se relaciona el dióxido de carbono con el calentamiento global?